BEI GRIN MACHT SICH IHR WISSEN BEZAHLT

- Wir veröffentlichen Ihre Hausarbeit, Bachelor- und Masterarbeit

- Ihr eigenes eBook und Buch - weltweit in allen wichtigen Shops

- Verdienen Sie an jedem Verkauf

Jetzt bei www.GRIN.com hochladen und kostenlos publizieren

Silke Lübbert

Reiz-Reaktions-Lernen - Die Klassische Konditionierung

GRIN Verlag

Bibliografische Information der Deutschen Nationalbibliothek:

Die Deutsche Bibliothek verzeichnet diese Publikation in der Deutschen National-
bibliografie; detaillierte bibliografische Daten sind im Internet über http://dnb.d-
nb.de/ abrufbar.

Impressum:

Copyright © 2003 GRIN Verlag GmbH
Druck und Bindung: Books on Demand GmbH, Norderstedt Germany
ISBN: 978-3-638-77430-7

Dieses Buch bei GRIN:

http://www.grin.com/de/e-book/74265/reiz-reaktions-lernen-die-klassische-kondi-
tionierung

GRIN - Your knowledge has value

Der GRIN Verlag publiziert seit 1998 wissenschaftliche Arbeiten von Studenten, Hochschullehrern und anderen Akademikern als eBook und gedrucktes Buch. Die Verlagswebsite www.grin.com ist die ideale Plattform zur Veröffentlichung von Hausarbeiten, Abschlussarbeiten, wissenschaftlichen Aufsätzen, Dissertationen und Fachbüchern.

Besuchen Sie uns im Internet:

http://www.grin.com/

http://www.facebook.com/grincom

http://www.twitter.com/grin_com

Universität Paderborn

Seminar: Einführung in die Lernpsychologie

Reiz-Reaktions-Lernen
Die Klassische Konditionierung

Eingereicht von:

Silke Lübbert

Inhalt

1 Einleitung

Das Reiz-Reaktions-Lernen fällt in den Bereich des Behaviorismus.

Behaviorismus ist abgeleitet von dem englischen Wort „behavior", was soviel bedeutet wie „Verhalten". Aus dieser Übersetzung kann man ableiten, dass sich der Behaviorismus mit dem äußerlich zu erkennenden und beobachtbaren Verhalten von Lebewesen befasst. Hierbei werden das Bewusstsein sowie Gefühle und Gedanken der Wesen nicht betrachtet.

Die Entwicklung des Behaviorismus wurde angeregt durch den russischen Psychologen Pawlow, der wie in dieser Ausarbeitung nachfolgend beschrieben, die Konditionierung am Beispiel der Speichelproduktion von Hunden erforschte. Aufbauend auf den Ergebnissen von Pawlow schrieb der Amerikaner Watson eine pragrammatische Schrift („Psychologie, wie der Behaviorist sie sieht"), wodurch der Behaviorismus als psychologische Richtung begründet wurde.[1]

Die Entdeckung des Reiz-Reaktions-Lernens, die Pawlow an seinen Hunden machte, war eine zufällige Beobachtung. Der Mediziner Iwan Petrowich Pawlow experimentierte mit Hunden um die innere Sekretion zu erforschen. Hierbei beobachtete er durch Zufall, dass die Hunde nach einiger Zeit nicht bloß bei der täglichen Fütterung, sondern bereits beim bloßen Anblick ihrer Pfleger einen erhöhten Speichelfluss zeigten. Diese zufällige Entdeckung inspirierte Pawlow zu weiteren Experimenten.

Dieses Experiment wird im Verlauf dieser Ausarbeitung zur Veranschaulichung der klassischen Konditionierung im Kapitel 3 noch näher erläutert.

2 Assoziation

Das in dieser Ausarbeitung behandelte Lernschema des Reiz-Reaktions-Lernens ist Bestandteil der Lerntheorie durch Assoziation. Unter diesem Begriff wird die Verknüpfung von verschiedenen Elementen verstanden.[2]

Es gibt zwei verschiedene assoziationstheoretische Theorien. Zum einen die der direkten assoziativen Verknüpfung und zum anderen die des klassischen Konditionierens.

Bevor im weitern Verlauf dieser Ausarbeitung das Augenmerk auf das klassische Bedingen gelegt wird, werden in den folgenden Punkten beide Theorien kurz erläutert.

---

[1] Edelmann (2000), S. 30
[2] Edelmann (1996), S. 57

2.1 Assoziative Verknüpfung

Unter der Assoziativen Verknüpfung wird die „Verknüpfung psychischer Inhalte im Bewusstsein"[3] verstanden.

Das pure Auswendiglernen, das früher praktiziert wurde ist ein Beispiel für eine Lernmethode nach dem Vorbild der Assoziation. Aber auch in dem heutigen Lernumfeld wird noch nach anhand der Assoziativen Verknüpfung gelernt. Beispiele hierfür sind zum Beispiel das Lernen von Vokabeln, Merksätzen (3-3-3 bei Issos Keilerei) oder die Assoziation eines Begriffes mit einem Begriffsnamen und das Auswendiglernen des 1x1.[4]

2.2 Klassisches Konditionieren

Das klassische Beispiel für die Konditionierung ist das Experiment das der russische Psychologe Pawlow mit Hunden durchführte auf welches im Unterpunkt 3 näher eingegangen wird. In der Konditionierung geht es darum, dass ein Reiz, der zunächst für ein Lebewesen neutral/unbedeutend ist, durch die Konditionierung später zu einer bestimmten Reaktion führt.

Im weiteren Fortgang bezieht sich die Ausarbeitung nur noch auf die zweite Assoziationstheorie, die Klassische Konditionierung, die auch als Reiz-Reaktions-Lernen bekannt ist.

---

[3] Edelmann (1996), S. 58
[4] Edelmann (1996), S. 58

3 Reiz-Reaktions-Lernen/Klassisches Konditionieren

Das in der Abbildung 1 dargestellte Experiment ist wohl die bekannteste Versuchsanordnung zum Thema des Reiz-Reaktionslernens.

Abb. 1: Versuchsanordnung von Pawlow[5]

Dieses Experiment stellt die Versuchsanordnung dar, die der russische Psychologe und Mediziner Iwan Petrowich Pawlow zur Untersuchung des Speichelfluss eines Hundes auf die Darbietung von Futter sowie auf das Läuten einer Glocke hin benutzte.

Wie aus der Abbildung ersichtlich ist, wird der Hund in einem Holzgestell fixiert. Zunächst wird dem Hund das Futter gezeigt, was zu einem erhöhten Speichelfluss führt.

Als nächstes wird die Reaktion des Hundes auf das Läuten einer Glocke hin getestet. Hierbei ist kein erhöhter Speichelfluss zu verzeichnen, da Hund zeigt lediglich einige Orientierungsreaktionen, indem er versucht den Ursprung des Tones zu erkunden.
In einem weiteren Schritt wird der Glockenton einige Sekunden vor der Darreichung des Futters dargeboten. In diesem Fall zeigt der Hund ebenfalls einen erhöhten Speichelfluss.

Nach mehreren Wiederholungen wird nur noch die Glocke geläutet, was ebenfalls zu einer vermehrten Speichelabsonderung führte.

Dieses Phänomen wird nun anhand der Terminologie des Reiz-Reaktions-Lernens näher erläutert.

3.1 Begriffsdefinition

Zur Terminologie der klassischen Konditionierung zählen der unkonditionierte (UCS) und der konditionierte (CS) Reiz sowie die unkonditionierte (UCR) und konditionierte (CR) Reaktion.
Der unkonditionierte Reiz, der auch als unbedingter Reiz bezeichnet wird, löst ohne vorherige Konditionierung immer eine bestimmte Reaktion aus. In dem bekannten

---

[5] www.uni-koeln.de/.../alice/personen/ p/Pavlov/hunde.htm

Experiment von Pawlow ist dies die Absonderung von Speichel auf das Zeigen von Futter hin. Hierbei ist das Futter der unbedingte Reiz und der Speichelfluss die unbedingte Reaktion.

Diese Reiz-Reaktions-Verbindung ist angelernt und muss nicht erlernt werden. Der bedingte Reiz entsteht aus einem zuvor neutralen Reiz, auf den lediglich eine Orientierungsreaktion erfolgt (wie z.b. in dem Beispiel der pawlowschen Hunde ein Hinbewegen zu der Quelle des Geräusches). Durch die Koordination des neutralen Reizes mit dem unkonditionierte Reiz erfolgt eine Assoziation, so dass der neutrale Reiz die gleiche Reaktion wie der unkonditionierte Reiz auslöst Diese Reaktion wird in diesem Fall als bedingte/konditionierte Reaktion bezeichnet wird.

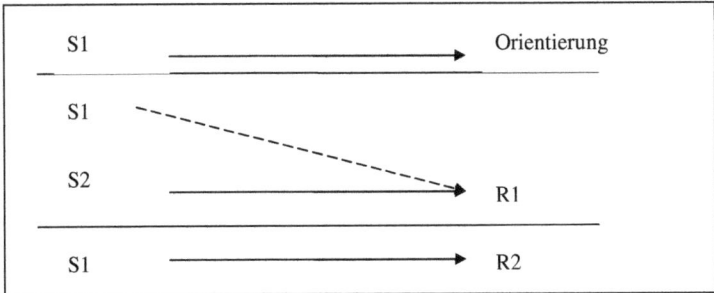

Abb. 2: Schema das Reiz-Reaktions-Lernens[6]

Anhand der oben stehenden Graphik wird die typische Abfolge eines Reiz-Reaktions-Lernens deutlich. Aus dem ehemals neutralen Reiz (S1) wird durch Kopplung mit einem unbedingten Reiz (S2) ein bedingter Reiz, der die bedingte Reaktion (R2) auslöst.

3.2 Prinzipien der Reizsubstitutionstheorie

Die Substitution des Reizes ist der wesentliche Bestandteil des Klassischen Konditionierens, da auch hier der unbedingte Reiz durch einen ursprünglich neutralen Reiz ersetzt wird.

Die so genannte Reizsubstitutionstheorie besagt, dass die angeborene Verbindung zwischen einem Reiz und einer Reaktion durch das Ersetzen/die Substitution des auslösenden Reizes an die herrschenden Lebensumstände angepasst wird.[7]
Dieser Theorie liegen einige Annahmen zugrunde, die im Folgenden kurz erläutert werden.[8]

---

[6] nach Edelmann (1996), S. 66
[7] Bednorz & Schuster S. 55
[8] Bednorz & Schuster S. 55

Kontiguitätsprinzip[9]
Nach dem Kontiguitätsprinzip, dass auch als Prinzip der räumlich-zeitlichen Nähe bezeichnet wird, erwirbt ein neuer, bisher neutraler Reiz die reflexauslösende Funktion nur, wenn er mehrmals in zeitlicher (und räumlicher) Nähe mit einem unbedingten Reiz auftritt.

Identitätsprinzip[10]
Das Identitätsprinzip besagt, dass der bedingte Reiz dieselbe Reaktion auslöst, wie der unkonditionierte Reiz zuvor. Nach diesem Prinzip ist also die bedingte Reaktion gleich der unbedingten Reaktion.

Universalitätsprinzip[11]
Dem Universalitätsprinzip folgend kann jeder Reiz zum bedingten Reiz werden, wenn er in räumlicher- und zeitlicher Nähe zu dem unbedingten Reiz auftritt.

Diese drei Annahmen in Bezug auf die Substitution eines Reizes sind sehr allgemein gehalten. Im Laufe der Jahre hat sich im Rahmen von Forschungen herausgestellt, dass sie in dieser Allgemeingültigkeit nicht bestehen bleiben können. Bei der Anwendung der Substitutionstheorie in der Forschung werden die einzelnen Prinzipien detaillierter untersucht.

Für die Klärung des Begriffes der Reizsubstitution im Kontext dieser Ausarbeitung reicht es jedoch, die drei grundlegenden Annahmen zur Substitutionstheorie zu kennen.

3.3 Löschung / Extinktion

Die durch die Konditionierung „erlernten" Reiz-Reaktions-Verknüpfungen sind in der Regel nicht sehr stabil, was bedeutet, dass sie nicht auf Dauer gespeichert beliben, wenn sie nicht immer wieder mit dem unbedingten Reiz gekoppelt dargeboten werden.

Nach mehrfacher Wiederholung des bedingten Reizes ohne den unbedingten Reiz kann ein Abbau der Reiz-Reaktions-Verbindung beobachtet werden. Dieser Vorgang wird als Löschung oder Extinktion bezeichnet.

Emotionale Reaktionen wie z.B. Angst sind in den meisten Fällen sehr widerstandsfähig gegenüber einer Löschung. Zum Abbau derartiger Reiz- Reaktions-Verbindungen bedarf es daher besonderer Behandlungsmethoden, auf die im Folgenden näher eingegangen wird.

---

[9] Bednorz & Schuster S. 55
[10] Bednorz & Schuster S. 55
[11] Bednorz & Schuster S. 55

3.4 Gegenkonditionierung

Die Gegenkonditionierung wird dazu eingesetzt, bereits erworbene Reiz-Reaktions-Muster bei den Patienten aufzulösen. Hierzu nutzt die Gegenkonditinierung, wie bereits durch den Namen angedeutet, ein ähnliches Verfahren, wie die Konditionierung selbst.

Besonders hilfreich sind die Methoden der Gegenkonditionierung bei dem Abbau von Ängsten, da diese oft gegen Löschung /Extinktion resistent sind (s.o.).

Die gängigsten Methoden der Gegenkonditionierung sind die Desensibilisierung sowie die Aversionstherapie. Bei der Desensibilisierung wird dem Patienten ein Sicherheitsreiz dargeboten durch den die negative Reiz-Reaktions-Verbindung durchbrochen wird, während dem Patienten bei der Aversionstherapie eine als angenehm empfundene Reaktion durch einen starken, negativen Reiz abgebaut wird.

3.4.1 Desensibilisierung

Um die Vorgehensweise der Desensibilisierung zu erstehen und zu erläutern soll an dieser Stelle zunächst ein Beispiel dargestellt werden.

Der kleine Peter hat Angst vor Tieren wie Ratten und Kaninchen. Zum Abbau dieser Angst wird er mit einem Kaninchen konfrontiert. Immer wenn das Kaninchen in sein Blickfeld/seine Nähe gebracht wird, wird ihm seine Lieblingsspeise angeboten. Das Kaninchen wird dem Jungen Schritt für Schritt näher gebracht. Am Ende der Versuchsreihe ist er sogar in der Lage, das Kaninchen auf dem Schoß zu halten und zu streicheln.[12]

Die Methode der Desensibilisierung ist ein langsames, schrittweises Annähern an die Ängste der Patienten. Aus diesem Grund erfordert die Desensibilisierung ein hohes Maß an Arbeit im Vorfeld der eigentlichen Therapie. So wird zu Vorbereitung mit dem Patienten eine so genannte Angsthierarchie aufgebaut, in der die Angstauslösenden Situationen des Patienten hierarchisch aufgelistet sind.[13] Eine Desensibilisierung ist nur dann möglich, wenn der positive Reiz stärker ist als der negative Reiz. Dies ist wichtig, damit durch den positiven Reiz nicht nach dem Versuch der Desensibilisierung eine Angstreaktion ausgelöst wird. Zudem muss die gewählte Reiz-Reaktions-Verbindung mit der Furcht etc. unvereinbar sein.[14] Bei kleinen Kindern werden aus diesem Grund oft Lieblingsspeisen als Reiz dargeboten, während Erwachsenen im Vorfeld an einem Entspannungstraining teilnehmen.[15]

---

[12] Edelmann (1996), S. 75
[13] Edelmann (1996), S. 77
[14] Edelmann (1996), S. 76
[15] Edelmann (1996), S. 76

3.4.2 Aversionstherapie

Die Bezeichnung der Aversionstherapie resultiert aus dem Begriff der aversiven Reizen, die in der Therapie eingesetzt werden, um die vom Patienten als angenehm empfundene Reiz-Reaktions-Verbindung abzubauen. Aversive Reize Sind solche Reize, die eine unangenehme Reaktion wie Angst oder Zorn zur Folge haben können.

Die Methode der Aversionstherapie findet besonders häufig Einsatz, bei der Behandlung von Alkoholikern oder der Raucherentwöhnung. Am Beispiel der Raucherentwöhnung wir nun die Funktionsweise der Aversionstherapie exemplarisch dargestellt.

Bei der Aversionstherapie sollen die positiven Wirkungen des Rauchens durch unangenehme Reize ersetzt werden.

Wie in der untern stehenden Abbildung dargestellt, raucht ein Raucher innerhalb kurzer Zeit so viele Zigaretten schnell hintereinander, bis ihm davon übel wird. Durch diese negative Erfahrung empfindet der Raucher Zigaretten als negativ, was sein Verlagen nach Rauchenverringert.[16]

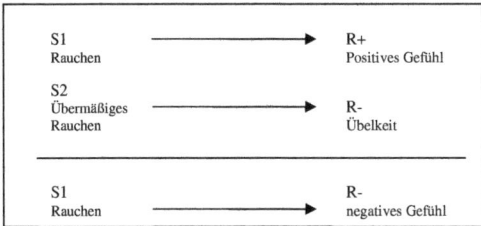

Abb. 3: Raucherentwöhnung nach der Aversionstherapie

---

[16] /www.tk-online.de/centaurus/generator/tk-online.de/dossiers/d33__abschied__vom__glimmstaengel/05__aversionstherapie/aversion__navi.html

4 Konditionierung im alltäglichen Leben

Im dem vorherigen Teilen dieser Ausarbeitung wurden bisher Konditionierungen in Form von Versuchen sowie als Therapieformen dargestellt.

Wir alle werden täglich mit einer Vielzahl von Konditionierungsversuchen konfrontiert, die uns oftmals nicht wirklich bewusst werden/sind. Das anschaulichste Beispiel für eine Konditionierung im Alltag findet sich in der Werbung.

Hierbei soll einem ursprünglich neutralen Produkt (S1) durch die Reiz-Reaktions-Verbindung mit einer bekannten Person, einem Lebensgefühl oder mit hübschen Menschen (R2) eine positive Reaktion(R+) folgen.

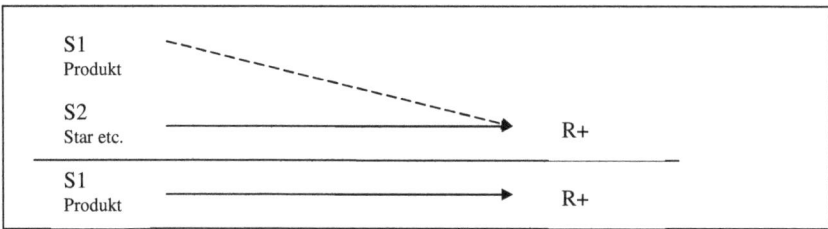

Abb. 4: Einsatz von Reiz-Reaktions-Lernen in der Werbung[17]

Die Werbung soll dazu dienen, dem Kunden zusätzlich zu dem bekannten Nutzen einen Zusatznutzen zu liefern, der auf die jeweilige Zielgruppe abgestimmt sein muss.

So wird beispielsweise in der Zigarettenwerbung häufig auf Freiheit oder eine Vielzahl von sozialen Bindungen/ Freunden angespielt, die durch das Rauchen einer bestimmten Marke erworben werden. Die Konsumenten fühlen sich durch das vermittelte Gefühl etc. angesprochen und kaufen das Produkt, nicht aufgrund der Qualität des Produktes sondern aufgrund des dargestellten Zusatznutzens.

Diese Art der Konditionierung ist von den Werbefachleuten der Firmen genau auf die Zielgruppen und die deren Bedürfnisse ausgerichtet. Zudem werden die von den Zielgruppen konsumierten Medien ermittelt, damit eine optimale „Berieselung" der Zielgruppe mit der Werbung erfolgen kann.
Durch die mehrmalige Koordination des Produktes mit dem Star, der schönen Frau etc. entsteht dann eine Konditionierung des Kunden, so dass das Produkt alleine schon die positive Reaktion auslöst.
Damit keine Löschung/Extinktion stattfinden kann wird der Konsument auch weiterhin mit der Werbung konfrontiert.

Durch die in der Ausarbeitung dargestellten Erkenntnisse über Konditionierung kann der Leser die alltäglichen Konditionierungen sicherlich erkennen und darauf regieren.

---

[17] Edelmann (1996), S. 78

Literatur

1. Bednorz, Peter & Schuster, Martin (2002):Einführung in die Lernpsychologie (3., völlig neu bearb. u. erw. Aufl.).München – Basel: E. Reinhardt S. 54–67

2. Edelmann, Walter (1996): Lernpsychologie (5. vollständig überarbeitete Auflage), BeltzPVU

3. Edelmann, Walter (2000): Lernpsychologie (6. vollständig überarbeitete Auflage), BeltzPVU, S. 29–65

4. www.uni-koeln.de/.../alice/personen/ p/Pavlov/hunde.htm (23.10.2003)

5. www.stangl-taller.at/ARBEITSBLAETTER/LERNEN/   KonditionierungKlassisch.shtml (23.10.2003)

6. /www.tk-online.de/centaurus/generator/tk-online.de/dossiers/d33__abschied__vom__glimmstaengel/05__aversionstherapie /aversion__navi.html (23.10.2003)